D1189904

Seymour Simon

SEE
MORE
READERS

PIRÁMIDES Y MOMIAS

chronicle books · san francisco

Para mi hijo Michael

Agradezco a mi especialista de lectura, la doctora Linda B. Gambrell, directora de School of Education, Clemson University. La doctora Gambrell ha sido presidenta de National Reading Council y miembro de la junta directiva de la Asociación Internacional de Lectura.

Se agradece el permiso para usar las fotos siguientes:
Portada, páginas 18–19: © Michele Burgess; carátula: © Robert Partridge: The Ancient Egypt Picture Library; páginas 2–3, 7, 8–9, 14–15, 16–17, 29: © Tor Eigeland; páginas 4–5, 22–23, 40, contraportada: © Kenneth Garrett; páginas 10–11, 32–33: © Christine Osborne Pictures; páginas 12–13, 34–35: © Eugene G. Schultz; páginas 20–21: © Blaine Harrington; página 25: © Dan McCoy/Rainbow; página 27: © Boltin Picture Library; páginas 30–31: © David Lawrence; páginas 36–37: © Chuck Place Photogaphy; páginas 38–39: © John Wang/Getty Images.

First Spanish language edition published in 2006 by Chronicle Books LLC.
Originally published in English by Chronicle Books in 2004.
Copyright © 2003 by Seymour Simon.
Spanish text copyright © 2006 by Chronicle Books LLC.

Spanish translation by Elizabeth Bell.
Manufactured in China.

Library of Congress Cataloging-in-Publication Data
Simon, Seymour.
  [Pyramids and mummies. Spanish]
  Pirámides y momias / Seymour Simon.
    p. cm. — (SeeMore readers)
  ISBN-13: 978-0-8118-5496-2 (library edition)
  ISBN-10: 0-8118-5496-5 (library edition)
  ISBN-13: 978-0-8118-5497-9 (pbk.)
  ISBN-10: 0-8118-5497-3 (pbk.)
  1. Pyramids—Egypt—Juvenile literature. 2. Mummies—Egypt—Juvenile literature.
  3. Pyramids—Mexico—Juvenile literature. I. Title.
  DT63.S5418 2006
  932—dc22
  2005031700

Distribuido en Canadá por Raincoast Books
9050 Shaughnessy Street, Vancouver, British Columbia V6P 6E5

10 9 8 7 6 5 4 3 2 1

Chronicle Books LLC
85 Second Street, San Francisco, California 94105

www.chroniclekids.com

Los antiguos egipcios construyeron pirámides hace casi 5.000 años. Creían que su rey, el faraón, era un dios viviente. Cada pirámide era una tumba para un faraón, para que tuviera vida eterna.

Los egipcios creían que el faraón descendía de Ra, el dios del sol. Cuando el faraón moría, sus espíritu regresaba al otro mundo para encontrarse con los dioses. Pero si el cuerpo del faraón se descomponía, su espíritu no podría viajar al país de los muertos. Los dioses se enojarían y castigarían a la gente de Egipto.

Era necesario conservar el cuerpo del faraón. Luego, se le encerraba en una cámara de piedra, protegido dentro de la pirámide.

En el antiguo Egipto la vida dependía del río Nilo. Egipto es un país seco con un sinfín de dunas de arena. Del Nilo venía agua para la agricultura, los animales, y la gente.

Los egipcios creían que el país de los muertos se encontraba al oeste del Nilo. Se suponía que el sol, cuando cada día se ponía en esa dirección, viajaba hasta el mundo de los dioses y de los faraones muertos. Hay más o menos 80 pirámides en Egipto, y todas están construidas en la orilla occidental del Nilo.

La mayoría de las pirámides están asentadas en una base grande y cuadrada. La base de una pirámide grande tiene una longitud igual a varias cuadras urbanas. Cada fachada forma un triángulo perfecto.

No sabemos por qué los antiguos egipcios construían en forma de pirámide. Las tumbas más antiguas de los egipcios eran túmulos de grava. A lo mejor las pirámides deben su forma a estos túmulos. O tal vez los egipcios creían que las fachadas inclinadas de las pirámides eran como una escalera al sol, que ayudaba al faraón en su tránsito hacia el otro mundo.

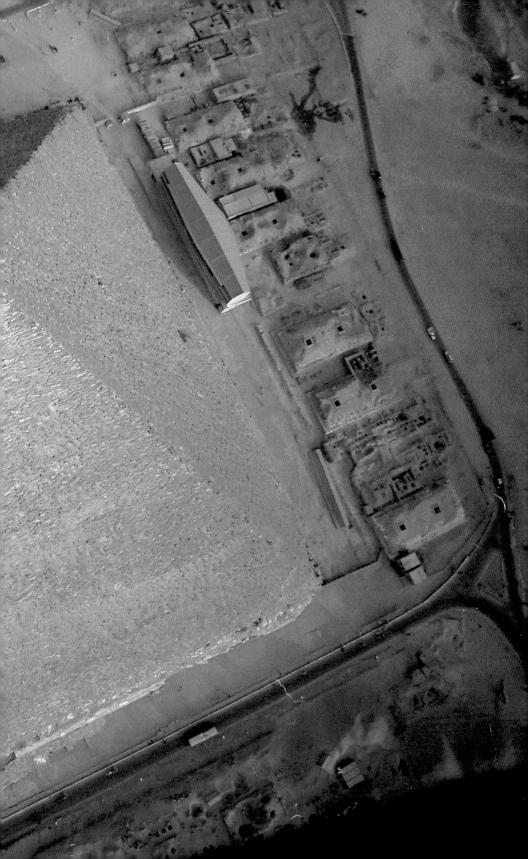

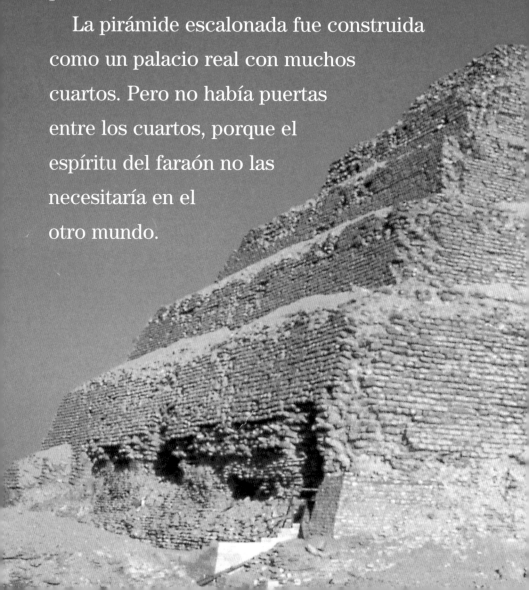

La gran pirámide escalonada hecha para
el faraón Zoser se construyó hace casi
4.700 años. Es el gran edificio de piedra más
viejo del mundo. La pirámide escalonada
está formada por seis edificios de techos
planos, uno encima del otro.

La pirámide escalonada fue construida
como un palacio real con muchos
cuartos. Pero no había puertas
entre los cuartos, porque el
espíritu del faraón no las
necesitaría en el
otro mundo.

La tumba real guardaba probablemente el ataúd del faraón junto con muchos tesoros. Para protegerla de los ladrones, la tumba fue construida 24 metros bajo tierra. También estaba rodeada de una pared que medía 1,5 kilómetros de largo. Habían 14 puertas en la pared, pero sólo una llevaba a la tumba. Aún así, cuando abrieron la tumba en 1925, todo el tesoro había desaparecido. Lo único que encontraron dentro fue el pie de una momia.

La pirámide escalonada está rodeada
de grandes plazas y edificios de piedra,
hechos de piedra sólida con puertas
falsas. No sabemos por qué. A lo mejor
los egipcios creían que el faraón los
podría usar en el otro mundo como
si fueran edificios normales. O tal vez
estos edificios servían para confundir
a los ladrones.

Se ha encontrado una estatua de tamaño natural del faraón Zoser en un cuarto cerrado de la pirámide. En la cabeza lleva un tocado especial que lo identifica como miembro de la familia real. En un principio, sus ojos incrustados eran de cristal de cuarzo, pero se los han llevado los ladrones. Sin embargo, todavía se puede ver su expresión feroz después de 4.700 años.

Hace más de 4.500 años, se construyeron tres gigantescas pirámides en Giza. Antes de la construcción de la Torre Eiffel en 1887, la Gran Pirámide del faraón Keops era el edificio más grande del mundo. Alcanza una altura de 146 metros, tan alta como un rascacielos de 40 pisos.

Cada lado de la base cuadrada mide 230 metros, tanto como siete cuadras urbanas. Hay más de 2 millones de bloques piedra en esta pirámide. Lo asombroso es que probablemente tardaron menos de 30 años en erigir toda la pirámide.

En un principio, las pirámides estaban cubiertas con una capa de piedra caliza blanca y brillante. Hace mucho que la piedra caliza ha sido robada o destruida.

La segunda pirámide más alta se construyó 70 años más tarde para el faraón Kefrén. Mide 3 metros de altura menos que la Gran Pirámide del faraón Keops, pero se ve más grande porque está construida en un terreno más alto. La pirámide más pequeña, que se construyó para el faraón Mikerinos, fue la última. Mide 66 metros de alto.

Alrededor de las pirámides de Giza hay filas de tumbas de piedra para la familia de los faraones y miembros importantes de la corte.

También hay pirámides más pequeñas para las tres reinas de Mikerinos.

Se ha encontrado una estatua del Faraón Kefrén más grande que de tamaño natural cerca de las pirámides. Se le ve sentado en un trono en forma de león. El halcón representado en el respaldo del trono es el símbolo de Horus, el dios que daba a los faraones su fuerza y poder.

Después de la muerte del faraón, se le daban barcos para usar en el otro mundo. En 1954, se encontró un barco enterrado al sur de la Gran Pirámide. Estuvo encerrado con grandes bloques de piedra caliza por más de 4.500 años. Bajo los bloques se encontraban cientos de trozos de madera esculpida. Montados en su lugar original, formaron un barco más largo que tres autobuses escolares puestos en fila.

Los nombres de los faraones estaban esculpidos en óvalos llamados cartuchos. Estaban escritos en jeroglíficos, un método de escribir con dibujos que usaban los egipcios de la antigüedad. No se ha usado esta forma de escritura por más de 2.000 años. Así que tenemos que adivinar lo que querían decir algunos de los dibujos.

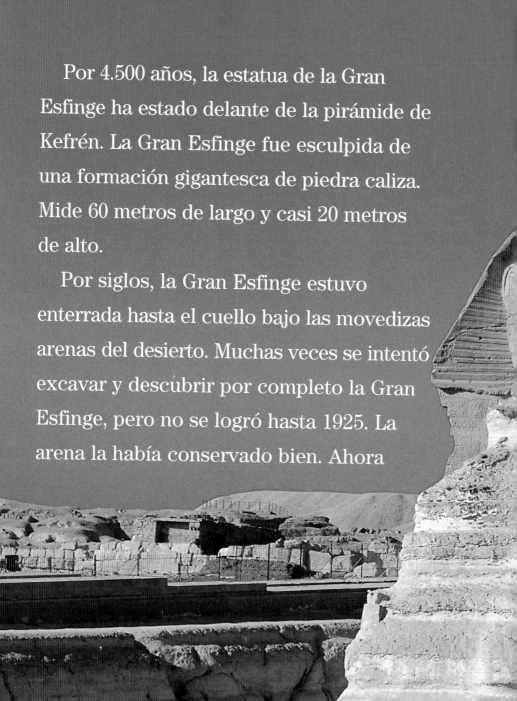

Por 4.500 años, la estatua de la Gran Esfinge ha estado delante de la pirámide de Kefrén. La Gran Esfinge fue esculpida de una formación gigantesca de piedra caliza. Mide 60 metros de largo y casi 20 metros de alto.

Por siglos, la Gran Esfinge estuvo enterrada hasta el cuello bajo las movedizas arenas del desierto. Muchas veces se intentó excavar y descubrir por completo la Gran Esfinge, pero no se logró hasta 1925. La arena la había conservado bien. Ahora

que está expuesta al aire, el viento y la contaminación la están deshaciendo.

La Gran Esfinge tiene el cuerpo de un león y la cabeza de un faraón. Como los leones son animales feroces, es común encontrar estatuas de leones a las entradas de los templos. Es probable que la Gran Esfinge estuviera para proteger la pirámide de Kefrén.

El proceso de preparar el cuerpo del faraón para su entierro duraba 70 días. El preparar el cuerpo para su conservación se llama embalsamar.

Primero, se extraían los órganos del cuerpo. El cerebro se extraía en trozos a través de la nariz con un garfio de hierro. Los pulmones, el hígado, el estómago, y los intestinos se extraían por una incisión que se practicaba en el costado del cuerpo

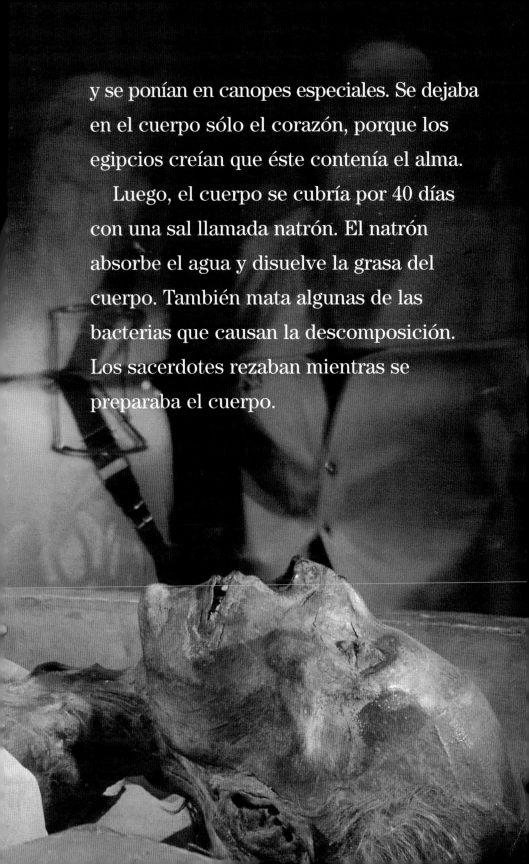

y se ponían en canopes especiales. Se dejaba en el cuerpo sólo el corazón, porque los egipcios creían que éste contenía el alma.

Luego, el cuerpo se cubría por 40 días con una sal llamada natrón. El natrón absorbe el agua y disuelve la grasa del cuerpo. También mata algunas de las bacterias que causan la descomposición. Los sacerdotes rezaban mientras se preparaba el cuerpo.

Después de 40 días, frotaban el cuerpo con aceites y especias. Luego llenaban el interior con bolitas de arena y natrón envueltas en lino. Maquillaban la cara y arreglaban el pelo.

Cubrían el cuerpo con una cera especial calentada. Cuando la cera se había enfriado y endurecido, frotaban la piel de nuevo con aceite, cera, y especias.

Todo el cuerpo se envolvía con vendas de lino empapadas en cera. Primero vendaban los dedos, los brazos, y las piernas separadamente, y al final los envolvían todos juntos. Este proceso llevaba otros 30 días. Luego, la momia se colocaba en un ataúd llamado sarcófago.

El sarcófago del faraón se colocaba en una cámara funeraria bajo las piedras. Se enterraban oro y joyas con el cuerpo.

Para evitar que nadie abriera las tumbas, las entradas al cuarto se cerraban con enormes bloques de piedra. A pesar de las medidas tomadas por los constructores, casi todas las cámaras funerarias que se han encontrado ya habían sido saqueadas.

La única cámara funeraria que se ha encontrado intacta fue la de Tutankhamen, o el Rey Tut. Su cuerpo se encontró dentro de tres ataúdes, uno de ellos de oro macizo. Casi 3.500 piezas de gran valor estaban a su lado.

Los egipcios planeaban las pirámides con mucho cuidado antes de construirlas. Tenían que encontrar un lugar bastante grande y sólido para sostener el enorme peso de una pirámide. El sitio tenía que estar en la orilla occidental del Nilo y bastante cerca del río para poder traer las piedras por barco.

Para nivelar el sitio, los constructores abrían zanjas, las llenaban de agua, y marcaban el nivel del agua. Luego quitaban toda la roca que estaba sobre el nivel marcado hasta que el suelo quedaba completamente plano. La esquina sureste de la Gran Pirámide está separado de la esquino opuesta por una la distancia de tres campos de fútbol. Pero es sólo 1,2 centímetros más alta, menos que tu dedo meñique.

Las pirámides se construían para que los lados se alinearan directamente hacia el norte, el sur, el este, y el oeste.

Las pirámides se construían en gran parte de piedra caliza. La mayoría de los bloques se cortaban del suelo cerca del lugar de construcción, pero para la cámara funeraria se traían por barco granito y una piedra caliza especial desde una distancia de cientos de kilómetros.

Usando solamente cinceles de cobre y mazos de madera, los trabajadores esculpían lentamente los bloques de piedra. Con estacas y cordel, comprobaban que los lados fueran cortados bien derechos. Se empleaban piedras lisas para pulir los bloques hasta que, según la leyenda, podía ver en ellos tu reflejo. Las piedras de la Gran Pirámide estaban tan ajustadas que no se podría meter la hoja de un cuchillo entre los bloques.

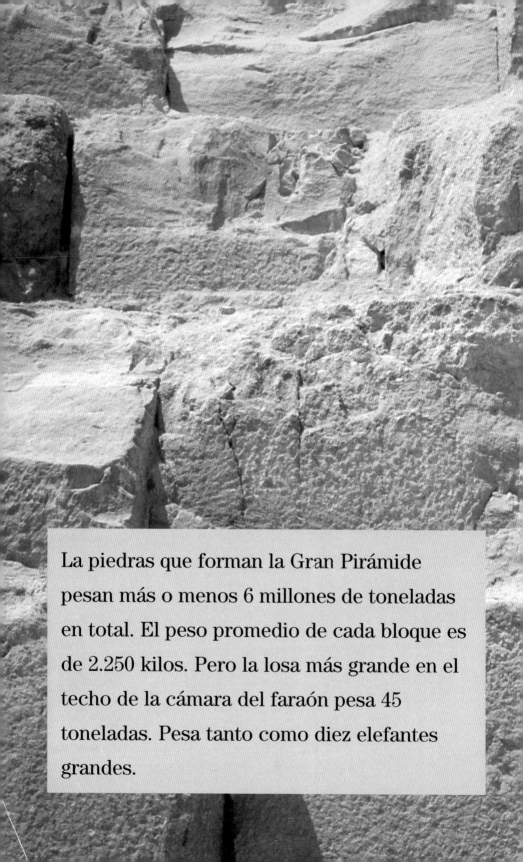

La piedras que forman la Gran Pirámide
pesan más o menos 6 millones de toneladas
en total. El peso promedio de cada bloque es
de 2.250 kilos. Pero la losa más grande en el
techo de la cámara del faraón pesa 45
toneladas. Pesa tanto como diez elefantes
grandes.

Nadie sabe exactamente cómo los egipcios pudieron mover estas piedras gigantescas y levantarlas hasta su lugar. Muchos expertos creen que los trabajadores subían las piedras por rampas encima de troncos rodantes.
A medida que crecía la pirámide, se alargaban las rampas. Cuando se había colocado la última piedra, se deshacían las rampas.

Quizás hasta 4.000 diestros albañiles trabajaban todo el año en una pirámide. Otros miles de trabajadores probablemente participaron sólo para subir los bloques pesados.

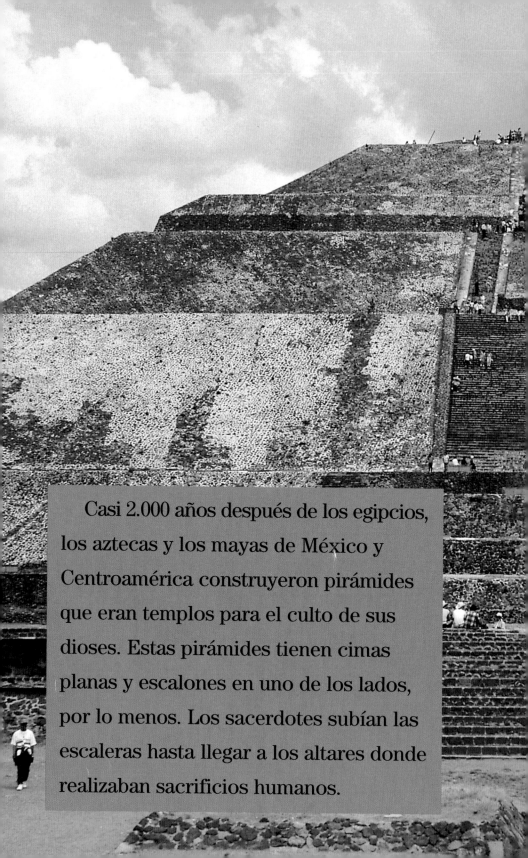

Casi 2.000 años después de los egipcios, los aztecas y los mayas de México y Centroamérica construyeron pirámides que eran templos para el culto de sus dioses. Estas pirámides tienen cimas planas y escalones en uno de los lados, por lo menos. Los sacerdotes subían las escaleras hasta llegar a los altares donde realizaban sacrificios humanos.

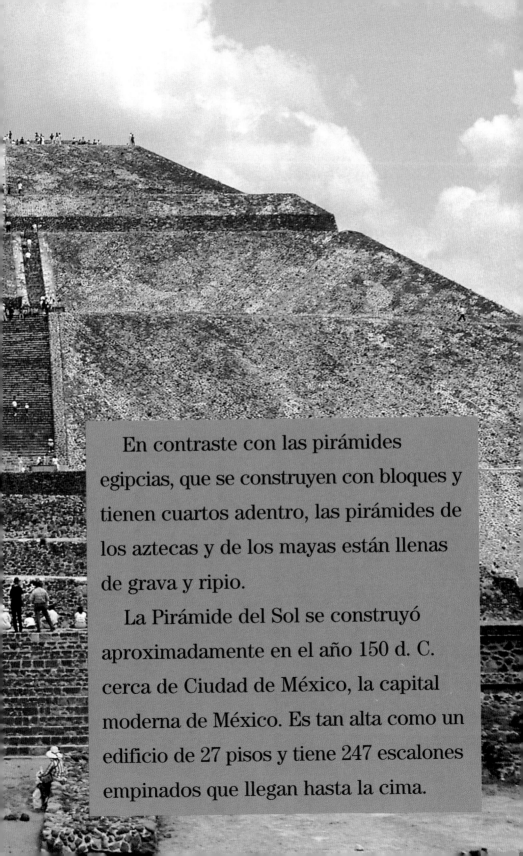

En contraste con las pirámides egipcias, que se construyen con bloques y tienen cuartos adentro, las pirámides de los aztecas y de los mayas están llenas de grava y ripio.

La Pirámide del Sol se construyó aproximadamente en el año 150 d. C. cerca de Ciudad de México, la capital moderna de México. Es tan alta como un edificio de 27 pisos y tiene 247 escalones empinados que llegan hasta la cima.

Entre los siglos tres y nueve d. C., los mayas construyeron miles de pirámides por el sur de México y en Centroamérica. En los últimos cien años se han descubierto cientos de ellas. Muchas más siguen escondidas en las tupidas selvas tropicales de la región. Algunas de estas pirámides tenían bases ovaladas.

La Pirámide El Castillo en la antigua ciudad de Chichén Itzá en el sur de México tiene cuatro escaleras: tres con 91 escalones y una con 92. Suman 365 escalones, uno por cada día del año.

En los tiempos modernos, se han construido nuevos edificios en forma de pirámide. En San Francisco, la pirámide Transamérica se diseñó para resistir terremotos. En vez de bloques de piedra, está hecha de acero y vidrio. Mide 260 metros de alto, casi dos veces más que la Gran Pirámide.

En Las Vegas, un hotel de 36 pisos en forma de pirámide, llamado el Luxor, tiene ascensores que suben por los lados inclinados de la pirámide. Delante hay una reproducción de la Gran Esfinge que alcanza la altura de 10 pisos.

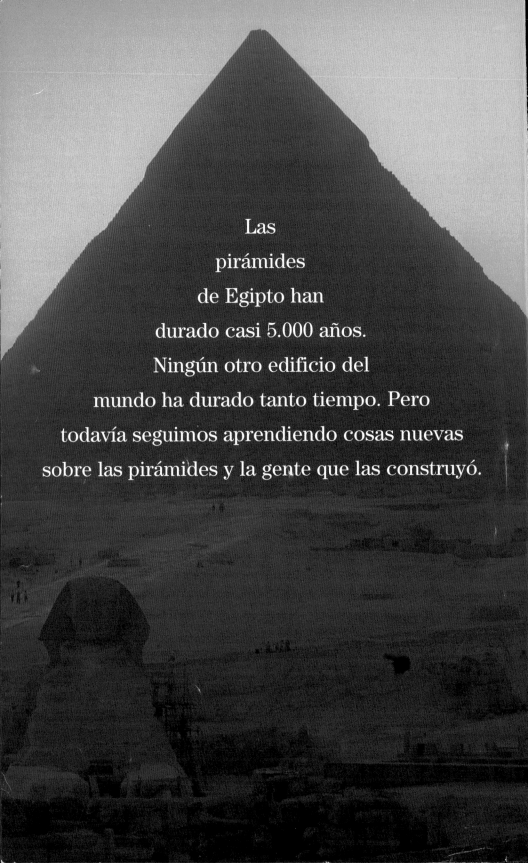

Las
pirámides
de Egipto han
durado casi 5.000 años.
Ningún otro edificio del
mundo ha durado tanto tiempo. Pero
todavía seguimos aprendiendo cosas nuevas
sobre las pirámides y la gente que las construyó.